Editora Appris Ltda.
1.ª Edição - Copyright© 2021 da autora
Direitos de Edição Reservados à Editora Appris Ltda.

Nenhuma parte desta obra poderá ser utilizada indevidamente, sem estar de acordo com a Lei nº 9.610/98. Se incorreções forem encontradas, serão de exclusiva responsabilidade de seus organizadores. Foi realizado o Depósito Legal na Fundação Biblioteca Nacional, de acordo com as Leis nos 10.994, de 14/12/2004, e 12.192, de 14/01/2010.

Catalogação na Fonte
Elaborado por: Josefina A. S. Guedes
Bibliotecária CRB 9/870

B813g
2021
	Braga, Ana Lucia
	   A gêmea nascida só / Ana Lucia Braga. - 1. ed. - Curitiba: Appris, 2021.
	     51 p.; 21 cm. – (Coleção geral).
	
	   Inclui bibliografia.
	   ISBN 978-65-250-1178-3
	
	   1. Constelações. 2. Gêmeos. I. Título. II. Série.
	
	                                                                                                  CDD - 523

Livro de acordo com a normalização técnica da ABNT

Editora e Livraria Appris Ltda.
Av. Manoel Ribas, 2265 – Mercês
Curitiba/PR – CEP: 80810-002
Tel. (41) 3156 - 4731
www.editoraappris.com.br

Printed in Brazil
Impresso no Brasil

Autora
Ana Lucia Braga

Ilustração
Karen Martinez

A GÊMEA NASCIDA SÓ

FICHA TÉCNICA

EDITORIAL — Augusto V. de A. Coelho
Marli Caetano
Sara C. de Andrade Coelho

COMITÊ EDITORIAL — Andréa Barbosa Gouveia (UFPR)
Jacques de Lima Ferreira (UP)
Marilda Aparecida Behrens (PUCPR)
Ana El Achkar (UNIVERSO/RJ)
Conrado Moreira Mendes (PUC-MG)
Eliete Correia dos Santos (UEPB)
Fabiano Santos (UERJ/IESP)
Francinete Fernandes de Sousa (UEPB)
Francisco Carlos Duarte (PUCPR)
Francisco de Assis (Fiam-Faam, SP, Brasil)
Juliana Reichert Assunção Tonelli (UEL)
Maria Aparecida Barbosa (USP)
Maria Helena Zamora (PUC-Rio)
Maria Margarida de Andrade (Umack)
Roque Ismael da Costa Güllich (UFFS)
Toni Reis (UFPR)
Valdomiro de Oliveira (UFPR)
Valério Brusamolin (IFPR)

ASSESSORIA EDITORIAL — Lucas Casarini
REVISÃO — Renata Cristina Lopes Miccelli
PRODUÇÃO EDITORIAL — Bruna Holmen
ASSISTÊNCIA DE EDIÇÃO — Marina Persiani
DIAGRAMAÇÃO — Daniela Baumguertner
Karen Martinez
CAPA E ILUSTRAÇÕES — Karen Martinez
COMUNICAÇÃO — Carlos Eduardo Pereira
Débora Nazário
Karla Pipolo Olegário
LIVRARIAS E EVENTOS — Estevão Misael
GERÊNCIA DE FINANÇAS — Selma Maria Fernandes do Valle

SUMÁRIO

Queridos irmãos gêmeos não nascidos, ... 41
Sobre o Método Freni® 45
Sobre a autora 49
Ilustrações 51

Era uma vez um Universo.

Neste Universo, havia uma barriga.

Ela estava prontinha, à espera.

Ela era bem discreta.

De repente, não mais que de repente, um óvulo que estava preparado se encontrou com um espermatozoide.

E aí pareceu aquele encontro romântico que todo mundo imagina e deseja.

Dois tornaram-se Um.

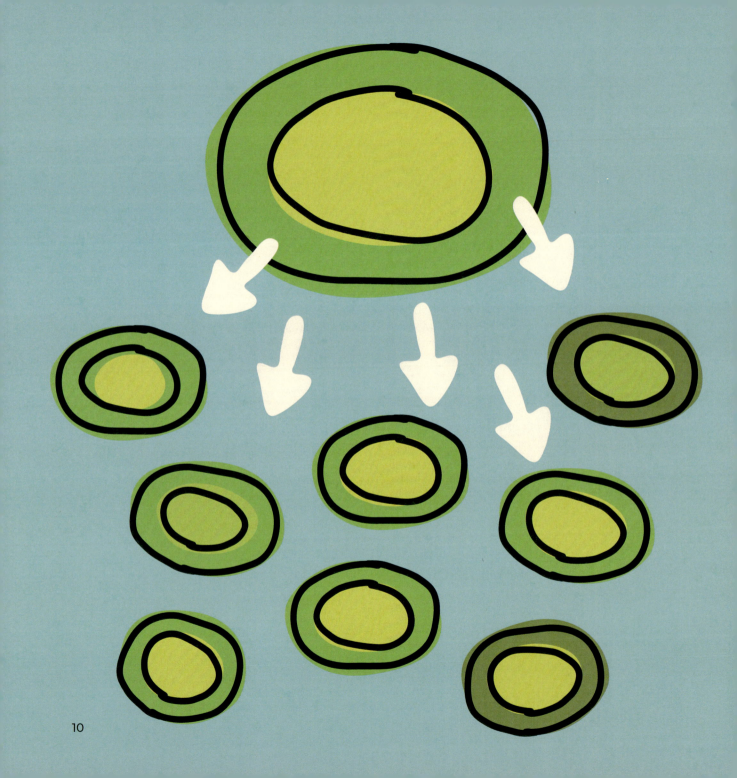

O que não se esperava era que esse Um virasse muitos.

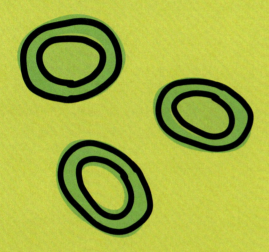

Entrou em cena uma tal de Estaminal. Esta era pronta para tudo, pluripotente, multipotente, dividiu-se em muitos indivíduos inteiros, além de se transformar em todas as condições necessárias para que todos pudessem ali estar.

E estiveram.

Eram muitos e pareciam viver em harmonia, povoando o Universo. Todos ali, naquela barriga, em bolsas. Era junto e separado. Como se nada de ruim pudesse acontecer, era o paraíso. Quentinho, fresquinho, gostosinho. Amor, paz, alegria e vida. Faziam mesmo grandes planos. Harmonia pura.

E assim foi durante um tempo.

Três daqueles, talvez entre outros tantos trios, se gostavam tanto, mas tanto, que pareciam totalmente iguais, espelho mesmo. Era só Amor, como se tudo fosse perfeito ali: no outro, em mim.

Harmonia plena.

Mas havia mais dois, do lado de fora, que também eram muito importantes. E, talvez, alguns outros chamassem muito a atenção.

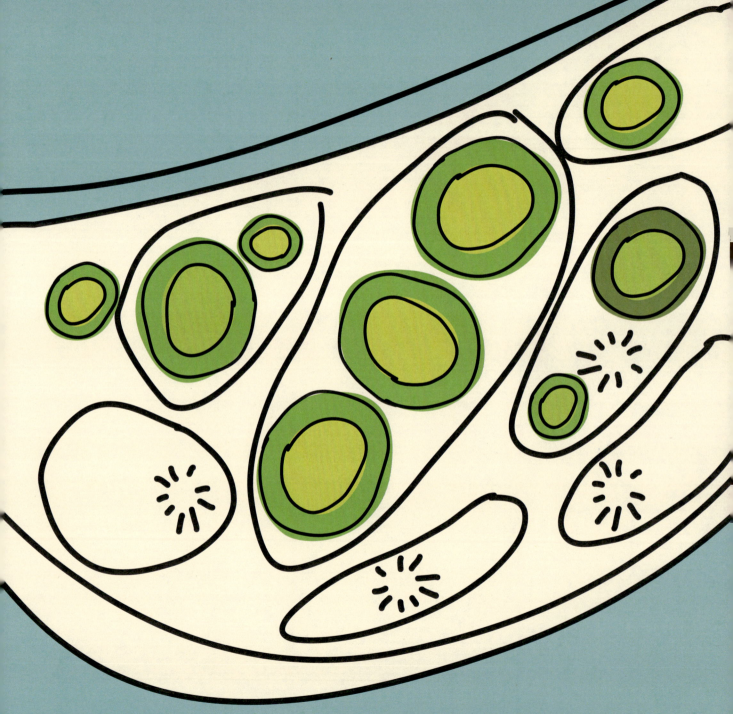

Mas como nada dura para sempre, naquele Universo, um dia, começou a ocorrer coisas muito estranhas. Enquanto alguns cresciam, outros rapidamente desapareciam. E os que ficavam foram, então, sentindo, em seus corpos, aqueles desaparecimentos.

Sentiam medo, tristeza, falta, culpa.

Às vezes, uma sensação de abandono muito grande abatia quem permanecia. E os desaparecimentos continuavam acontecendo. Quem os estaria levando?

Por vezes, sentia-se um gosto estranho.
Não se conseguia saber ao certo,
mas parecia que o desaparecimento
virava derretimento, e os que ficavam
sentiam aquele gosto do que foi
derretido na boca.

Eram mesmo sensações muito estranhas.

Ora vinha um peso enorme, como se o mundo estivesse caindo sobre eles. Bolsas com um monte de gente caindo em cima de outra bolsa? Que esquisito! Apertos como se estivesse todo mundo crescendo em um espaço apertado e um fosse amassando o outro? Quem amassa quem? Quem massacra quem? Quem esmaga quem? Um absorvia o outro como esponja? Tudo muito esquisito.

Havia alguns grupos que se gostavam mais, se atraiam, se amontoavam. Havia outros que permaneciam juntinhos como que para se proteger em relação ao desaparecimento. Eram sensações novas e velhas, boas e ruins.

Ora era bom. Ora era não.

Desgraceira... tristeza, raiva, medo. Vontade de desaparecer também. Depois, reorganização: alegria, satisfação, segurança, força. Vontade de viver também.

Eram já dores da Grande Falta que acometiam alguns deles.

Será que algum E.T. veio levar esse povo todo? O que ocorria ali? Cadê as tais Estaminais que criavam e transformavam tudo para trazer todos de volta? Para trazer de novo a sensação de paraíso, de plenitude?

Muitos já haviam desaparecido. Dava mesmo vontade de fechar os olhos e não ver mais nada, mais ninguém. E às vezes era mesmo isso o que se fazia. Como que se pudesse esperar o tempo passar e tudo acabar. Mas vinha a falta de sono e encontrava-se de novo com aquelas coisas ruins.

Dores.

Feias visões. Não havia nenhum desejo de olhar. Mas também não era possível não olhar. Tudo estava ali. Todos estavam ali e desapareciam diante de todos. Aos poucos. Aos muitos.

Seria culpa de quem? De alguém, certamente.

Olha só quantas sensações surgiram naqueles momentos dentro daquela bolsa... Palavras que nem se reconheciam lá...

... desespero, desconexão, rejeição, autorrejeição, abandono, incompreensão, desesperança, raiva, medo, vontade de sumir, vontade de salvar, injustiça, decepção, impotência, inadequação, cobrança, violência, perda de controle, conflito, esmagamento, massacre, solidão, vazio, vontade de fugir, culpa... falta de sentido para tudo aquilo que se vivia.

... e dores.

Dores em cada pedaço, em cada tecido, em cada órgão.

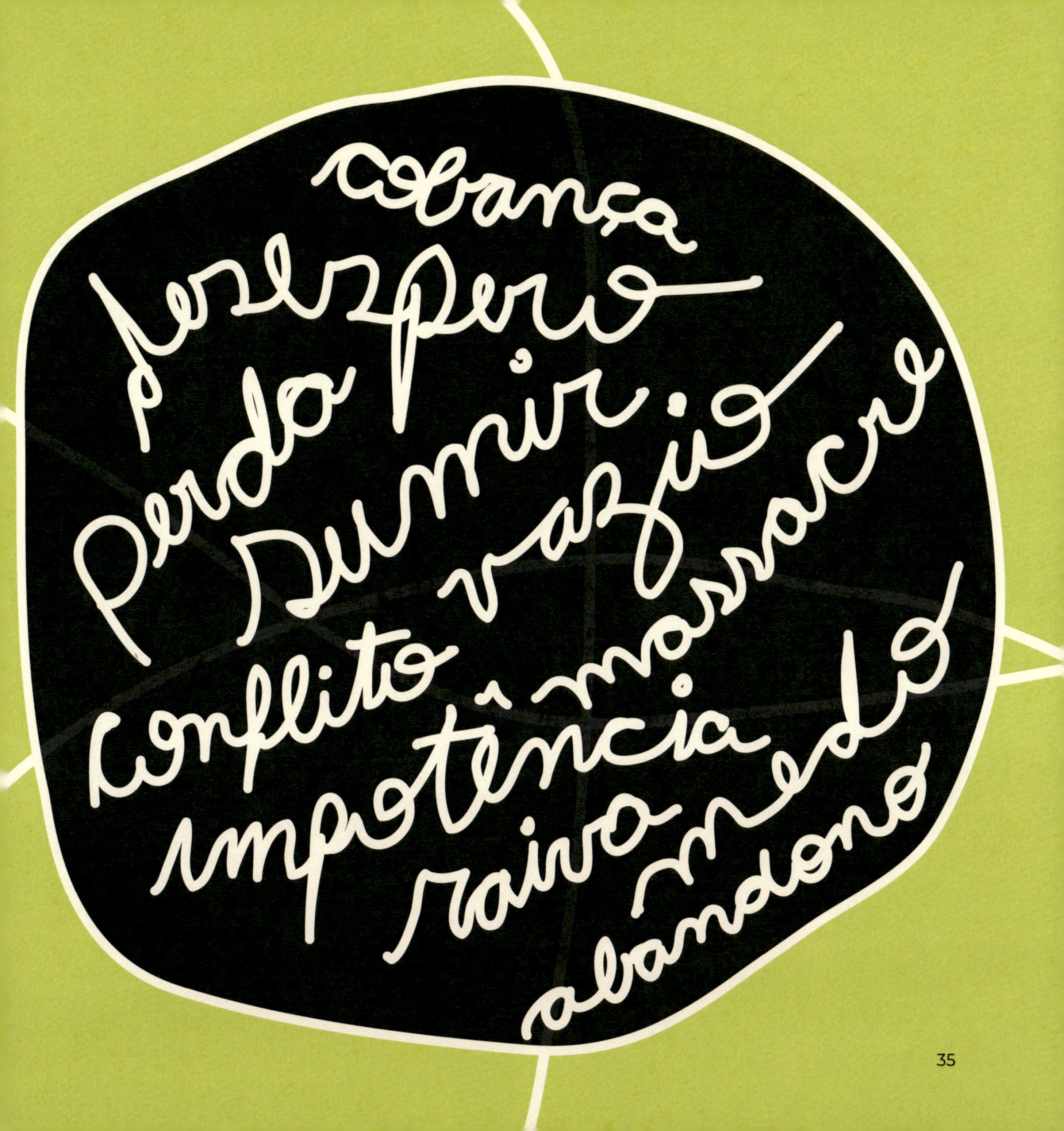

cobrança

desespero

perda

dormir

vazio

conflito

massacre

impotência

raiva

medo

abandono

Perda dos mais queridos. Falta de identidade. "Cadê?". Essa era a pergunta que não calava. Procuras, buscas, sem sucesso.

No final, um só ficou ali. Um Universo tão grande para um só. Que pena!

Nesse momento a barriga já estava crescida, havia se expandido.

E a tal Estaminal cuidou de tudo mesmo, pois aparentemente estava tudo organizado.

Passou-se ali, no vazio pleno, depois de uma grande reorganização, um tempo sem fim.

Até que chegou o grande dia. Um novo momento, o nascimento. E tudo ficou diferente, uma nova vida, com novos seres, com novas sensações.

Após tudo isso, cabe, agora, da gêmea nascida só, uma carta aos irmãos gêmeos que não nasceram.

Aí vai:

Queridos irmãos gêmeos não nascidos,

Eu senti e sinto muito a falta de vocês.

Agora sei que nós não poderíamos salvar uns aos outros. Estivemos todos juntos, do mesmo modo, impotentes. Imersos em uma condição de dependência total. Estivemos todos sem possibilidades de arrebentar o saco gestacional e sair dali. Impossibilitados, vimos o desaparecimento de cada um, talvez com desespero e compaixão.

Amo vocês com todas as minhas forças, com o Amor de todas as minhas células. Não tive escolha, assim como vocês. Sinto que, do mesmo modo como esperei vocês me salvarem, vocês o esperaram de mim. Do mesmo modo como vi com aflição vocês sumindo, vocês também assistiram ao sumiço dos outros, até o seu próprio desaparecimento.

Fiquei só e continuo só, sem a presença de vocês. Senti muito a falta de todos e cada um de vocês. Claro, especialmente dos que eram exatamente como eu, meus queridos irmãos espelho.

Obrigada por terem existido e me mostrado o paraíso neste planeta. Por terem me mostrado o que é o amor absoluto, o que é a felicidade. Mas, depois de vocês, ficou o vazio, a solidão cósmica apossou-se de mim.

E ainda assim, eu sobrevivi. E agora, substituo essa palavra (sobrevivi): eu vivi. Sim, estou viva. E percebo: a única diferença entre nós é que vocês foram primeiro e eu vou depois.

Eu fiquei e agora peço o seu olhar benevolente para que tudo o que em mim foi transformado em sintoma, que "virou" sofrimento após nossa separação seja revertido em saúde e bênçãos. Identifico e incluo cada um de vocês em meus sintomas, em minhas dificuldades relacionais e com a vida. Agora eu os incluo e os amo incondicional e incessantemente. Vocês estão representados no fluxo amoroso que se restabeleceu entre nós. Vocês estão presentes em cada célula de meus corpos.

Agora eu tomo conscientemente a minha vida ao preço do que custou a vocês e realmente fico. Faço algo de muito bom, que será em homenagem a cada um de vocês. Amo vocês.

Peço, ainda, que me protejam hoje e sempre, que me ajudem a me relacionar melhor com a minha família, com a minha vida.

Obrigada, queridos irmãos. Confio no fluxo da vida. E sei que vocês estarão sempre comigo. Enquanto eu viver, vocês, comigo, estarão vivos! Precisamente porque fazem parte das minhas células!

Na verdade, é importante lhes dizer: até hoje, vivi na dor física e no tormento da minha alma dilacerada, desesperada pelo abandono de vocês. A partir de hoje, vou lembrar a alegria que nos une: o paraíso que vivemos juntos, que também está nas minhas células. Alma, Eu, consciência escolho, ativo essa memória e levo isso comigo agora.

Bem sei que dói, mas dou a devida honra a essa dor e a esse luto. Aprendi muito com a dor, e sei que ela ajudou a me tornar uma grande pessoa.

Digo isso a todos os meus irmãos gêmeos não nascidos.

Vejo-os aqui, completamente integrados, e o futuro sorrindo bem à minha frente. E comigo, meus familiares.

O bom de tudo isso é que posso mostrar vocês a eles e descompromissar cada um deles do árduo papel de representá-los para mim, porque, agora, eles podem ver vocês, assim como vocês podem vê-los. E eu posso ver cada um em seu papel.

Todos sentimos as Bênçãos que vêm daí.

E agora, eu sigo.

Ana Lucia Braga

Sobre o Método Freni®

Esta história foi inspirada pela utilização do Método Freni® de Constelações com o Sistema Gemelar. O Método Freni® foi criado pela consteladora sistêmica Graziella Concetta Freni e parte do princípio de que todos nós somos gêmeos nascidos sós. Mesmo aqueles que nascem gemelares também vivenciaram, no útero, situações semelhantes aos nascidos sós. Temos uma memória celular de nossa entrada no útero e de toda divisão celular, quando as células tronco, as estaminais, criam todas as condições para que o ser humano exista como "ser humano". Na criação das condições, as estaminais criam, também, muitas células iguais a nós, que não "vingam", e, a partir daí, muitas histórias acontecem, pois, independentemente da consciência, das conexões cognitivas, éramos nós que estávamos lá, sem compreensão, mas com o tronco cerebral e todo aparato de memória presente no corpo.

Segundo Graziella Freni, no útero, nas bolsas amnióticas, vivenciamos alegrias profundas e conexões maravilhosas, assim como traumas de perda que determinam as dinâmicas futuras na vida de uma pessoa. A partir dessas experiências com os irmãos gêmeos na bolsa, dentro do útero, tanto das relações com os irmãos da mesma bolsa como com outros, de outras bolsas, vivenciamos contatos corporais, táteis, que são processados apenas pelo corpo em função da presença do tronco cerebral e da ausência do neocortex nos momentos iniciais do desenvolvimento humano.

São encontros tanto de experiências de completude e preenchimento, como marcas difíceis no corpo, que posteriormente tomam todo o ser no sentido físico, emocional, mental e até espiritual. São experiências que se transformam em sintomas que o gêmeo nascido só traz para a vida fora do útero. Poderíamos dizer que, por conta da ausência do córtex cerebral, do pensamento, do processamento cognitivo, com todos os eventos traumáticos ocorridos, houve uma impossibilidade de autodefesa e de luto e que, por esses motivos, as reações aos traumas viraram estratégias de sobrevivência e sintomas físicos e mentais disfuncionais.

O Método Freni®, profundamente terapêutico, utiliza várias técnicas para se trabalhar com o gêmeo nascido só. São elas: as dinâmicas com toquinhos coloridos de madeira; as vivências com véus que representam as bolsas amnióticas; a utilização de almofadas, bonecos de panos e outros objetos que representam os irmãos gêmeos; os desenhos das bolsas no útero; os desenhos de linhas horizontais com marcações verticais que representam as bolsas amnióticas, o cliente, seus irmãos, seus familiares, entre outros; as constelações com pessoas e véus.

Após a aplicação do Método Freni®, existe a possibilidade de se compreender e integrar as experiências vivenciadas no útero. A partir daí, há o processamento mental e emocional, possibilitando um funcionamento mais saudável do corpo e da mente e a eliminação dos sintomas apresentados pelo gêmeo nascido só.

De modo lúdico, com as crianças e adolescentes, a partir de histórias, de brincadeiras e jogos, de atividades corporais, é possível que esse encontro com os irmãos gêmeos seja permeado de criatividade, de choros, de alegrias, de intensidade, assim como ocorrem nas Constelações Familiares e na Pedagogia Sistêmica. É claro que, como diz Freni, "os gêmeos são muitos, o caminho não se faz em um dia".

Nessas intervenções terapêuticas com o Método, esperamos também que, a partir do encontro e da compreensão da matriz, haja uma evolução, uma autonomia e um fluir do amor e da liberdade que podemos conquistar apenas na Vida fora do útero. Na perspectiva do Método, "uma vez experimentada e reconhecida a matriz onde o que é disfuncional no indivíduo foi formado, o cérebro consciente integra conscientemente as informações e a matriz não se repete mais". Ou seja, podemos alterar as dinâmicas de sofrimentos e compreender que é possível mudar, é possível sentir diferente, pensar diferente e fazer diferente.

Sobre a autora

ANA LUCIA BRAGA

Carioca, nasceu em 27 de maio de 1961. Atualmente mora em Ribeirão Preto-SP. É mãe de Tatiana e Luciana e, quem sabe, de quantos mais; é avó de Ana Luiza e, quem sabe, de quantos mais; é esposa de Cesar e sogra da Karen. Atua, desde 1988, como facilitadora de grupos terapêuticos, de estudos, de pais, de crianças e adolescentes e, desde 2004, como consteladora sistêmica. Desde 2010, tem seu próprio curso de Formação de Consteladores. Atualmente está em sua nona turma. É pedagoga pela Universidade Federal do Rio de Janeiro, psicopedagoga clínica e institucional pelo Hospital das Clínicas da Universidade de São Paulo de Ribeirão Preto e mestre em Educação pelo departamento de Psicologia da Educação da Universidade Estadual de Campinas. Atuou amplamente na área de Educação, passando pela educação infantil, educação informal e educação de adultos e moradores de comunidades no Rio de Janeiro; também como alfabetizadora, professora de ensino técnico e na formação de professores; na universidade, tanto em cursos de graduação como de pós-graduação. Cursou algumas formações na área de Educação e na de Psicologia. Como consteladora sistêmica: formou-se, em 2004, com Renato Shaan Bertate, dando continuidade com Bert e Sophie Hellinger em Treinamentos Avançados no Brasil e no México, assim como com diversos terapeutas, tais como: Jacob Schineider, Mimansa Erica Farny, Mariane Franke, Hady Leitner, Mathias Vargas, Insa Sparrer e Franz Ruppert; Graziella Concetta Freni. Livros publicados: *A arte da guerra desperte o Sun Tzu* que está dentro de você (Ed. Ser Mais, 1997), como coautora; *Constelação Familiar: relatos de Conflitos e Soluções* (Ed. Appris, 2017); e *Constelações Sistêmicas, diversos olhares para diferentes realidades* (Ed. Appris, 2019), como organizadora e autora.

Site: www.analuciabragaconstelacao.com.br

E-mail: anaabbraga@gmail.com

Telefone: + 55 16 99994-7224

Ilustrações

KAREN MARTINEZ

Publicitária, CEO da Agência W5 Publicidade e especialista na área de criação. Formada, em 2019, no curso de Constelações Sistêmicas.
Site: www.w5.com.br